SWOT-АНАЛИЗ

Важный инструмент для разработки бизнес-стратегий

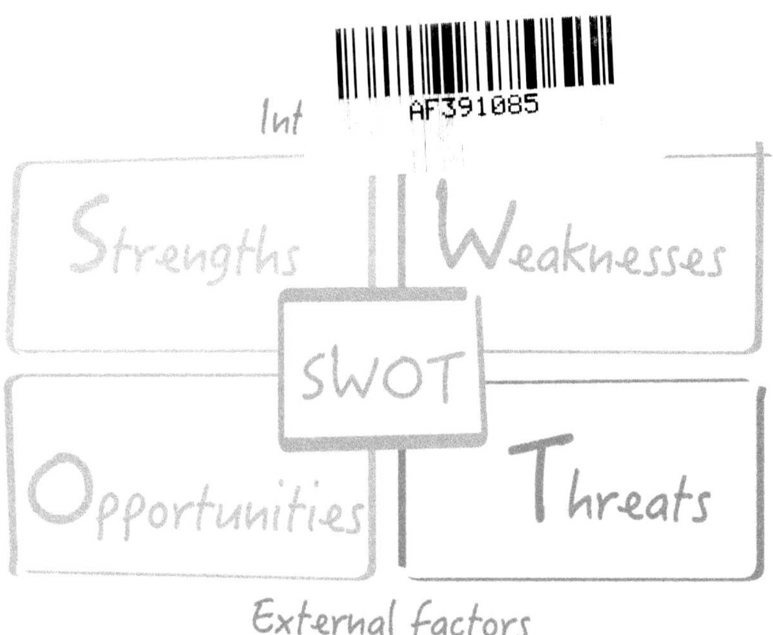

SWOT-АНАЛИЗ

Важный инструмент для разработки бизнес-стратегий

написанный Christophe Speth
в переводе Nastia Abramov

50MINUTES.com

SWOT-АНАЛИЗ

КЛЮЧЕВАЯ ИНФОРМАЦИЯ

- **Название:** SWOT-анализ или метод SWOT – это аббревиатура терминов "Сильные стороны", "Слабые стороны", "Возможности" и "Угрозы".

- **Применение:** эта модель позволяет организациям (предприятиям, государственным администрациям или ассоциациям) быстро определить как внутренние факторы, связанные с внутренним функционированием, так и внешние факторы, зависящие от среды, в которой они развиваются. SWOT-анализ используется в качестве инструмента принятия решений и для облегчения разработки стратегических планов.

- **Почему он успешен?** Сила SWOT-анализа заключается в его простоте. Он не только прост в использовании, но и позволяет получить результаты, которые можно легко донести до общественности.

- **Ключевые слова:**

  - <u>Внешний фактор</u>: элемент, на который организация не может повлиять, связанный с окружающей средой, в которой она развивается.

  - <u>Внутренний фактор</u>: элемент, на который может повлиять или изменить организация.

  - <u>Сильные стороны</u>: внутренние факторы бизнеса, которые усиливают его конкурентную позицию.

- Слабые стороны: внутренние факторы, ослабляющие конкурентную позицию организации.

- Возможности: внешние факторы, способные положительно повлиять на конкурентную позицию организации.

- Угрозы: внешние факторы, которые негативно влияют на внешнюю среду организации.

ВВЕДЕНИЕ

История

SWOT-анализ зародился в публикации *Business Policy: Text and Cases* (1965), созданной четырьмя профессорами Гарвардского университета – Эдмундом Филипом Учителем (1900-1991), Роландом Крисом Кристенсеном (1919-1999), Кеннетом Ричмондом Эндрюсом (1916-2005) и Уильямом Д. Гутом. Этот метод является одной из первых моделей, учитывающих внешнюю среду организации. До этого модели стратегии ограничивались стратегическим планированием, не принимая во внимание окружающую среду.

Сегодня SWOT-анализ в основном используется в маркетинговых отделах крупных компаний. Многие малые и средние предприятия также используют его в качестве инструмента для принятия решений.

Ряд консалтинговых фирм также используют SWOT-анализ, поскольку он позволяет им быстро проанализировать ситуацию и представить ее своим клиентам схематично и более просто. Другие компании, такие как McKinsey и BCG, имеют свои собственные модели анализа.

SWOT-анализ – это многомерный инструмент для стратегического анализа:

- он определяет внутренние факторы организации (сильные и слабые стороны) и ее внешние факторы, связанные с окружающей средой (слабые стороны и угрозы);

- он также позволяет организациям расставить приоритеты факторов с точки зрения ожидаемого воздействия, будь то позитивные (сильные стороны и возможности) или негативные (слабые стороны и угрозы).

SWOT-анализ не имеет внутренней ценности, если он не используется в стратегических целях.

ТЕОРИЯ

SWOT-анализ исследует текущую ситуацию организации в определенный момент времени, ориентируясь на перспективу, а не на ретроспективу. Он также анализирует структуру, принимая во внимание будущие перспективы. В то же время SWOT-анализ фокусируется на внутренней функциональности (сильные и слабые стороны) и на внешней среде (возможности и угрозы) организации.

- **Сильные стороны** – это элементы организации, которые положительно влияют на ее развитие и конкурентную позицию. В целом, сильные стороны считаются особенно значимыми, поскольку они не характеризуют конкурентов. SWOT-анализ определяет конкурентные преимущества, которыми обладает компания по сравнению со своими конкурентами.

- **Слабые стороны** также связаны с внутренним функционированием организации, но они, как правило, оказывают негативное влияние на ее развитие и конкурентную позицию. Способность четко определить внутренние слабости организации жизненно важна: она позволяет улучшить соответствующие вопросы и переориентировать работу, чтобы сделать их менее уязвимыми.

- **Возможности** для организации зависят от возможностей, имеющихся во внешней среде. Их можно использовать для улучшения продвижения и конкурентной позиции. Как только это будет сделано, они могут стать силами, положительно влияющими на развитие организации.

- **Угрозы** также исходят из внешней среды организации. Их выявление часто является результатом традиционной стратегической работы. При своевременном обнаружении угроз их можно лучше предвидеть и уменьшить их влияние на производительность (и наоборот).

Иногда угрозы могут стать сильными сторонами. Аналогичным образом, возможности могут стать слабыми сторонами. На самом деле, учитывая, что организация развивается не только в своей среде, ее будущее также зависит от решений, принимаемых конкурентами.

ФАКТОРЫ, ВЛИЯЮЩИЕ НА ЭВОЛЮЦИЮ ОРГАНИЗАЦИИ

Что касается внутреннего функционирования, то для определения сильных и слабых сторон организации необходимо принимать во внимание многие характеристики, в том числе:

- **Конкурентоспособность затрат.** Одним из первых аспектов, делающих предприятие конкурентоспособным, является его способность поддерживать низкие затраты. Для того чтобы управлять затратами, компания должна внимательно следить за эффективностью техники производства (можно ли производить больше, используя меньше?), а также за распределением ресурсов (следует ли заменить капитал на труд?). Между конкурентоспособностью затрат и защитой работников может возникнуть конфликт. Например, если снижение социальных и экологических стандартов позволяет снизить затраты, это не означает, что оно не оказывает (негативного) воздействия на работников.

- **Сеть и возможности распределения.** Имеет ли структура компании эффективную сеть распределения? В частности, гарантирует ли она хорошую службу доставки (высокий процент продукции, поступающей вовремя, низкий процент поломок, низкий процент ошибок и т.д.)?)? Удается ли ей рационализировать затраты на дистрибуцию (достаточно низкие глобальные затраты на хранение и транспортировку товаров)? Возможным компромиссом между качеством продукции, временем доставки и затратами на распределение является снижение уровня запасов. Эта стратегия основана на все более широком использовании новых информационных технологий и коммуникаций (NICT). Часто называемая "производством точно в срок", она означает, что компания производит продукт после того, как он заказан клиентом, и доставляет его в очень короткие сроки благодаря эффективной распределительной сети.

- **Продажи и маркетинг.** Отдел маркетинга также играет решающую роль в успехе компании. В состоянии ли он предвидеть потребности клиентов? Способен ли он запустить рекламные кампании для привлечения клиентов? Хорошая маркетинговая стратегия – неоспоримая сила для любой компании.

- **Финансовые ресурсы.** Достаточная финансовая стабильность – это настоящий актив для организации. Фактически, способность привлекать ликвидность играет важную роль, поскольку это необходимо для запуска любого проекта расширения.

- **Человеческие ресурсы.** Управление человеческими ресурсами – это аспект, которым часто пренебрегают компании, государственные администрации и ассоциации. Тем не менее, важно, чтобы каждая структура обладала определенными ключевыми навыками. Для организации может быть предпочтительнее потратить больше времени на поиск подходящего человека, чем спешно нанимать кандидата, который не соответствует занимаемой должности. В более общем смысле для компаний важно создать систему коммуникаций, позволяющую поддерживать оптимальные рабочие отношения между коллегами.

- **Инновационная политика.** На более стратегическом уровне, и в нашей собственной экономике, все больше компаний – и университетов – борются за патентование того количества инноваций, на которые они способны. Обладание патентами должно идти рука об руку со стратегическим видением, позволяя владельцам представить полезность и ценность своих инноваций. Они также оказывают влияние при ведении переговоров с другими компаниями об использовании их запатентованных продуктов.

Что касается внешней среды, то на возможности и угрозы, с которыми сталкивается организация, влияют многие факторы, в том числе:

- **Экономический климат.** Наличие или отсутствие сильного экономического роста, безусловно, оказывает влияние на положение различных организаций. Уверенная экономическая деятельность позволяет компании увеличить свой рост. Аналогичным образом, компания, испытывающая трудности и теряющая свою долю рынка, иногда может избежать банкротства во времена быстрого экономического роста, поскольку рост может частично компенсировать слабые стороны компании. В случаях экономического спада можно предположить противоположный исход.

- **Глобальные потребительские тенденции.** Еще один аспект, который компании не должны упускать из виду, – это прогрессия потребительских потребностей. Если ценностное предложение соответствует новым потребностям, прогрессия положительна. Если же потребности отклоняются от ценностного предложения, то прогрессия отрицательная. Чтобы избежать этого, отдел маркетинга может попытаться предвидеть изменения, используя различные инструменты, такие как жизненный цикл продукта, который подробно описывает различные фазы продукта (разработка, запуск, рост, зрелость и спад).

- **Конкурентная среда.** Развитие конкурентной среды также играет ключевую роль. Крупнейшие, наиболее эффективно работающие компании или те, кто с большей вероятностью начнет ценовую войну, могут оказать негативное влияние на прибыльность компании.

- **Нормативно-правовая среда.** Эволюция нормативных актов также может создать угрозу, если структура не готова к ним. Однако в некоторых случаях это позволяет компаниям избегать своих конкурентов, если они менее подготовлены к конкурентной борьбе.

Теперь, когда вы понимаете теоретическую основу SWOT-анализа, вы можете немного развлечься и создать свой собственный анализ как студент или работник. Например, если вы находитесь в середине обучения, вы можете обладать отличными общими знаниями (сильная сторона), но иногда вам трудно выразить свои идеи в письменном виде (слабая сторона). Будучи студентом, вы имеете доступ к значительному количеству возможностей, таких как Erasmus или стажировка на рабочем месте (возможности). Однако изменения стоимости жизни, к сожалению, могут создать для вас проблемы (угроза).

ОГРАНИЧЕНИЯ И РАСШИРЕНИЯ

КРИТИКА

Теоретики и практики в целом согласны с тем, что результаты SWOT-анализа могут привести к быстрому анализу ситуации, который остается приблизительным и неполным. Кроме того, различные аспекты SWOT-анализа не обязательно исключают друг друга.

Например, новое постановление может быть воспринято как угроза и как возможность для бизнеса. Консультанты Терри Хилл и Рой Вестбрук опубликовали фундаментальную работу "SWOT-анализ: Время для отзыва продукции", в которой раскрываются присущие SWOT-анализу ограничения.

- Во-первых, он остается по сути описательным. В некоторых случаях было показано, что это делает его неэффективным, поскольку он не направляет процесс принятия решений тем или иным образом. Диагностика SWOT-анализа может быть превосходной, но если принятые заранее решения не верны или неправильно реализованы, она бесполезна. Таким образом, мы видим, что SWOT-анализ на самом деле не является средством конкурентного преимущества.

- Нельзя упускать из виду затраты, связанные с проведением SWOT-анализа, поскольку он требует оплаты услуг внутренних и/или внешних консультантов. Иногда предпочтительнее не ограничиваться управленческой моделью, которая ограничивает творчество.

• Другой риск возникает из-за того, что выявленные факторы, согласно SWOT-анализу, не расставляются в порядке важности и концентрируются на несущественных деталях. Помимо потери времени, это может иметь катастрофические последствия для организации, если она будет тратить ресурсы на устранение незначительных проблем.

ДРУГИЕ МОДЕЛИ

Существуют и другие модели, которые кажутся не менее эффективными, чем SWOT-анализ, и способствуют принятию решений не хуже. Анализ пяти сил Майкла Э. Портера (преподаватель американского университета, родился в 1947 году) оценивает, например, ограничения, которым подвержена отрасль. Другие фокусируются на стратегическом взаимодействии между конкурентами (например, решения, связанные с количеством продукции и установлением цен). Они предлагают менее комплексный подход, но все же являются мощными инструментами для оценки силы конкуренции в рассматриваемых отраслях.

Пять сил Портера

Модель пяти сил Портера позволяет компании проанализировать свою конкурентную среду. Она определяет пять сил, способных влиять на конкурентную среду в отрасли.

- Наиболее очевидным ограничением, с которым сталкивается компания, является **наличие прямых конкурентов**. Однако интенсивность соперничества между компаниями не зависит систематически от количества компаний, находящихся в конкуренции: возможно, что две компании в отрасли А могут вести ценовую борьбу, в то время как четыре компании в отрасли Б образуют стабильный и прибыльный картель.

- **Угроза появления новых участников** также может удержать компанию от установления высоких цен, даже в случаях монополизма. Эта угроза не всегда правдоподобна, если существуют значительные барьеры на входе и выходе из отрасли, и в этом случае отдача от нее ничтожна. Некоторые компании инвестируют в избыточные мощности, чтобы производить больше в случае появления конкурента (что эффективно снижает цены и уменьшает прибыль новых участников). Новые участники, будучи в целом в курсе этих избыточных мощностей, менее склонны к запуску.

- Компании должны знать о **продуктах и услугах, которые могут их заменить**. Если мы рассмотрим пример средне- и дальнемагистральных перевозок (от 300 до 1000 км), то за последние несколько десятилетий высокоскоростные поезда стали серьезной заменой авиаперелетам в Западной Европе (что привело к рационализации авиационного сектора с появлением таких низкобюджетных операторов, как Ryanair и easyJet).

- **Сила переговоров между поставщиками и клиентами** может оказать решающее влияние на прибыльность компании. В целом, можно сказать, что клиенты и поставщики могут получить более выгодные цены, когда существует всего несколько компаний и на рынке появляются потенциальные новые участники.

Олигополистическая конкуренция и наличие картелей

Некоторые экономические модели позволяют нам сосредоточиться на стратегическом взаимодействии между компаниями.

- **Модель Антуана Огюстена Курно** (французский математик и философ, 1801-1877) была создана для анализа олигополистической конкуренции (принадлежность рынка, характеризующегося небольшим числом продавцов для большого числа покупателей). Обычно он используется до тех пор, пока компании не решат, какие объемы производить – решение принимается с учетом влияния на ценовую политику. Активным компаниям в автомобильной промышленности, например, трудно увеличить свои производственные мощности в краткосрочной перспективе (строительство завода требует времени). Для ряда конкурентов давление конкуренции в отрасли типа Курно обычно считается средним и ограниченным.

- Напротив, **модель Жозефа Луи Франсуа Бертрана** (французский математик и экономист, 1822-1900) используется до тех пор, пока компании сами определяют уровень цен и могут с легкостью увеличивать или уменьшать количество производимой продукции. Пока существует конкуренция, как описывает Бертран, двум компаниям достаточно поддерживать низкую прибыль, поскольку они неизбежно окажутся в ценовой борьбе. Эта модель в основном используется компаниями в тех отраслях, где легко изменить краткосрочное количество продукции, связанное с такой конкуренцией (например, текстильная промышленность). В целом, если есть хотя бы два конкурента, давление конкуренции в отрасли, построенной по модели Бертрана, очень сильно. Поэтому такие отрасли изначально менее привлекательны.

- Также возможно, чтобы активные конкуренты в отрасли – хотя это и незаконно – прямо договорились об ограничении конкуренции. Это известно как **организованный картель**. Неформальные соглашения не являются незаконными и по определению не могут быть доказаны. Если картель стабилен, совместная прибыль заинтересованных компаний будет равна прибыли монополиста. В целом, образованию картеля способствуют следующие условия:

  - небольшое количество компаний;

  - способность быстро обнаружить и наказать тех, кто не соблюдает соглашение;

  - достаточное терпение компаний, участвующих в соглашении.

ПРАКТИЧЕСКОЕ ПРИМЕНЕНИЕ

ПЯТЬ ШАГОВ ДЛЯ УСПЕШНОГО ПРОВЕДЕНИЯ SWOT-АНАЛИЗА

1. **Определите сильные стороны.** Определите элементы, которые оказывают положительное влияние на деятельность организации и связаны с внутренним функционированием. Как уже упоминалось в главе, представляющей модель, полезно тщательно провести эту идентификацию, объединив то, что характеризует финансовое положение организации, эффективность ее канала распределения, имидж бренда и т.д.

2. **Определите слабые стороны.** Далее определите элементы, оказывающие негативное влияние на работу организации, и те, которые связаны с внутренним функционированием. Слабая способность к инновациям, плохая коммуникация и неспособность снизить затраты, как у других конкурентов, — все это слабые стороны, которые негативно влияют на работу организации.

3. **Определите возможности.** При рассмотрении возможностей, предлагаемых определенной средой, речь идет о внешних факторах организации, которые могут оказать положительное влияние. Аспекты, которые необходимо исследовать, более или менее специфичны для каждой организации (конкуренция, экономический контекст, правовой и демографический и т.д.).

4. **Определите угрозы.** При выявлении угроз в определенной среде полезно проанализировать внешние факторы организации, которые могут оказать негативное влияние. Опять же, элементы, требующие исследования, зависят от характера каждой организации.

5. **Определите стратегию.** После того как все внутренние и внешние факторы определены, можно приступать к этапу принятия решений. Иногда это может принять форму долгосрочного стратегического планирования. В других случаях SWOT-анализ лишь ускорит процесс принятия решений, принимая во внимание контекст, в котором развивается организация.

СОВЕТЫ

- Очень важно подкреплять свои выводы цифрами, данными и фактами. Слишком быстро поставленный диагноз – идеальный способ принять неверное решение.

- Если возможно, постарайтесь также подкрепить каждую сильную и слабую сторону, возможность и угрозу. Это позволяет исключить незначительные факторы, которые не оказывают полезного влияния на принятие решений.

- SWOT-анализ ценен только в том случае, если он используется в полной мере. Это необходимо для того, чтобы принятые решения были хорошо реализованы.

- Принимая решения на основе результатов SWOT-анализа, сосредоточьте все усилия на решениях, которые организация в состоянии принять или контролировать.

ТЕМАТИЧЕСКОЕ ИССЛЕДОВАНИЕ – ТУРИСТИЧЕСКАЯ ОРГАНИЗАЦИЯ НА ЮГЕ ФРАНЦИИ

В этом разделе мы рассмотрим пример SWOT-анализа. Исследуемая организация – это небольшая туристическая организация, управляемая семейной парой. Они владеют тремя гостевыми домами, расположенными на юге Франции, на границе Альп и Прованса. Будучи туристической организацией, они привлекают клиентов, в основном иностранцев, особенно в летний период. Одной из основных проблем этой туристической организации является неравномерность спроса в зависимости от сезона. В июле и августе заполняемость отеля близка к 100%, а в остальное время года она едва достигает 30%. Проблема заполняемости напрямую связана с внешней средой компании, поскольку, разумеется, семейная пара, управляющая гостевыми домами, не имеет никакого контроля над датами отпусков клиентов. Однако есть и другие факторы, которые можно регулировать и, таким образом, контролировать внутри компании, чтобы повлиять на выбор туристов.

Давайте рассмотрим, как SWOT-анализ может помочь улучшить эту туристическую организацию.

Анализ внешней среды компании – угрозы и возможности

- **Эволюция нормативных актов оказала** значительное влияние на положение этой небольшой организации в течение последних нескольких лет. Они представляют собой реальное ограничение, в том смысле, что владельцы иногда должны тратить большие суммы денег, чтобы удовлетворить их. Например, мы можем вспомнить о новых правилах безопасности, которые иногда применяются к крупным гостиницам, поскольку они пользуются значительным эффектом масштаба (средние затраты на номер для удовлетворения правил уменьшаются по мере увеличения количества номеров) и, как правило, имеют более современные здания.

- **Развитие фискальной политики** в другой стране часто может оказать решающее влияние на деятельность компании косвенным образом. В случае с этой туристической организацией, которая привлекает ряд бельгийских клиентов с более состоятельными социально-профессиональными характеристиками, возможно, что корректировка бельгийского налогообложения на служебные автомобили привела к снижению уровня заполняемости. На самом деле, похоже, что данная фискальная реформа сделала помощь на служебные автомобили менее интересной для бельгийских компаний, которые в основном предоставляют бесплатный бензин для сотрудников, пользующихся таким транспортным средством. Использование автомобиля для поездок на юг Франции особенно полезно для бельгийцев, особенно для тех, у кого есть маленькие дети. Кроме того, в случае, если эта система используется меньше, клиенты склонны менять свои привычки и, в то же время, думать о других видах транспорта и других направлениях, более отдаленных и менее экзотических. Последнее обстоятельство приводит к проблеме замещения продуктов и услуг, разработанной в модели пяти сил Портера (например, путешествия на самолете, для которых относительная цена представляет значительную конкуренцию).

- **Развитие технологий** – это одновременно и возможность, и угроза для молодой пары. Появление веб-сайтов, позволяющих пользователям бронировать комнаты напрямую, не проходя через владельцев, значительно изменило управление гостевыми домами. Эта технологическая революция создает возможности в том смысле, что эти сайты повышают узнаваемость и могут облегчить контакт между владельцами и туристами. К сожалению, при использовании этих сервисов зачастую трудно контролировать свою онлайн-репутацию. Все более частая привычка туристов использовать эти сайты для бронирования номеров привела к почти полному исчезновению бумажных путеводителей, в которых часто давались ссылки на туристическую инфраструктуру.

- **Роль государственных органов власти в продвижении туризма в регионе.** Государственные органы власти оказывают значительное влияние на привлекательность региона. В случае данного туристического заведения поддержка и продвижение окружающих мест и/или мероприятий (например, мест природной красоты, разовых спортивных мероприятий и т.д.) со стороны местных властей, например, может привлечь больше клиентов.

- **Его доступность воздушным, железнодорожным и автомобильным транспортом.** Учитывая трудности, связанные с доступом к их учреждению, руководителям рекомендуется поддерживать разработку инвестиционных предложений в транспортную инфраструктуру (например, автомобильные дороги, железнодорожные линии, терминалы аэропортов и т.д.).

- **Неблагоприятная экономическая обстановка,** связанная с кризисом, очевидно, оказала прямое негативное влияние на желание туристов отправиться на отдых: предполагаемый бюджет расходов на самом деле кажется менее значительным, чем в 2008 году. С другой стороны, долгожданное возвращение экономического роста может оказать положительное влияние на ситуацию с этим учреждением.

Анализ внутренней среды организации – сильные и слабые стороны

- **Удовлетворенность туристов.** Уровень удовлетворенности туристов хороший. Это не только признак успешной организации, но и важный фактор, поскольку он привлекает новых клиентов благодаря сарафанному радио и созданной в результате этого репутации в Интернете (хороший имидж бренда в Интернете). Многие туристы могут стать постоянными клиентами и возвращаться каждый год. Некоторые даже становятся настоящими послами заведения и советуют своим друзьям и родственникам поехать туда в отпуск.

- **Расположение туристического заведения** одновременно привлекает и отталкивает. Географическая изолированность места привлекает определенный тип туристов, которые хотят отдохнуть в спокойной обстановке, и в этом случае данное заведение идеально подходит. Это расположение можно рассматривать и как слабость в том смысле, что до гостевых домов трудно добраться на общественном транспорте и они находятся далеко от удобств (супермаркетов, ресторанов и т.д.). Кроме того, регион не очень хорошо известен туристам.

- **Близость к мероприятиям и туристическим услугам.** Наличие разнообразных спортивных мероприятий, в том числе сезонных (пешеходные маршруты и горные велосипеды летом; лыжи зимой), поблизости от места проживания является определенным преимуществом организации. Кроме того, организация комплексных обедов позволяет туристам общаться друг с другом. Многие из них ценят этот социальный контакт, даже если некоторые предпочитают уединение.

- **Профиль клиента.** В настоящее время организация привлекает в основном частных лиц. Было бы интересно привлечь другую клиентскую базу. Возможным решением является обращение к компаниям, желающим организовать семинары и/или тимбилдинги. Другая возможность — сотрудничество с поставщиками туристических услуг, например, с туристическими организациями.

- **Качество интернет-соединения.** Интернет-соединение медленное из-за изолированного расположения, что является существенным недостатком в нашу цифровую эпоху.

SWOT-анализ позволил нам определить определенное количество сильных и слабых сторон, возможностей и угроз организации. Теперь давайте посмотрим, как сочетание этих элементов может привести к принятию эффективных стратегических решений. С этого момента можно:

- **Используйте возможности.** Развитие технологий может быть использовано в отношении видимости, предлагаемой Интернетом. Организации целесообразно зарегистрировать свои гостевые дома на доступных платформах, где потенциальные клиенты (люди, ищущие удаленное место для отдыха) смогут их найти. Учитывая, что бюджет на отдых у потребителей меньше, чем раньше, организации было бы полезно адаптировать свою ценовую политику, используя возможности, предоставляемые новыми технологиями (например, предложения в последнюю минуту).

- **Предвидеть угрозы.** Даже если эволюцию нормативной базы можно рассматривать как краткосрочную угрозу, она также является препятствием для развития новых структур. В долгосрочной перспективе они образуют отличный барьер на входе и позволят тем, кто адаптируется к новой нормативной базе, получить преимущества стабильности в условиях конкуренции.

- **Усиление сильных сторон.** Самым эффективным методом может стать сарафанное радио, если организация будет лучше общаться со своими постоянными клиентами, чтобы привлекать их в другие сезоны. Их лояльность также можно использовать через социальные сети.

- **Устранить некоторые слабые места.** Чтобы разнообразить клиентскую базу, предприятие могло бы предложить проживание корпоративным клиентам (организовать проживание для профессиональных семинаров или тематическое проживание, включающее гастрономию, спорт или любой другой эквивалент).

Можно было бы принять и другие решения и, несомненно, учесть другие мнения, но в конечном итоге все будет зависеть от приоритетов, установленных теми, кто отвечает за организацию.

РЕЗЮМЕ

- SWOT-анализ включает в себя анализ факторов, которые влияют (положительно или отрицательно) на внутреннее функционирование и внешнюю среду организации, которая может быть предприятием, ассоциацией или органом государственного управления.

- Сильные и слабые стороны — это те показатели, которые организация может контролировать. Конкурентоспособность по издержкам, очевидно, играет определяющую роль в успехе бизнеса. Никогда не следует недооценивать роль, которую играет конкуренция в отношении других вещей, в частности, способности к инновациям.

- Возможности и угрозы связаны с внешней средой организации и не могут контролироваться ею. Часто их считают экономическими (рост или спад), но важно не игнорировать другие аспекты, более характерные для отрасли (изменение потребностей клиентов, конкурентная среда и нормативные акты).

- Изучение сильных и слабых сторон, возможностей и угроз должно привести к принятию решений или стратегических планов.

- Несколько советов по проведению SWOT-анализа: Подумайте о том, чтобы основывать его на фактах, а не на институтах. Очень важно подкрепить свой анализ осязаемыми цифрами (например, финансовыми данными).

- SWOT-анализ в настоящее время является очень популярным методом, особенно в маркетинговых отделах крупных компаний.

- Его простота остается обоюдоострым мечом. Некоторые авторы показали, что использование SWOT-анализа может иногда оказывать негативное влияние на деятельность организации. Негативное влияние может заключаться в отсутствии строгости или в том, что за анализом не следует рекомендуемый план стратегических действий (по мнению Терри Хилла и Роя Вестбрука).

- Были разработаны и другие модели для облегчения создания стратегического планирования:

  - модель пяти сил, созданная Майклом Э. Портером в конце семидесятых годов, фокусируется в основном на ограничениях, которые негативно влияют на прибыльность бизнеса;

  - другие альтернативы SWOT-анализу, разработанные в [19] веке, модели французских экономистов Антуана Огюстена Курно и Жозефа Бертрана, позволяют провести тщательный анализ конкуренции в требуемом контексте.

ДАЛЬНЕЙШЕЕ ЧТЕНИЕ

БИБЛИОГРАФИЯ

BCV. (2015) *D'une idée à un plan*. [Online]. [Accessed 6 June 2014]. Доступно по адресу: <http://www.bcv.ch/fr/entreprises/outils_et_conseils/creer_votre_entreprise/d_une_idee_a_un_plan/votre_produit_ou_service_a_t_il_un_potentiel_de_vente_sur_le_marche/preparer_une_analyse_swot>.

Bouvier-Patron, P. (2011) *Entreprise et innovation. Vers l'inter-organisation innovante responsable?* Paris: L'Harmattan.

Codex Celo. (2010) *L'art de (bien) utiliser une matrice SWOT pour convaincre.* [Online]. [Accessed 6 June 2014]. Доступно по адресу: <http://www.ilikepm.com/2010/08/02/lart-de-bien-utiliser-une-matrice-swot-pour-convaincre/>.

Европейская комиссия. (2008) *L'analyse SWOT.* [Online]. [Accessed 6 June 2014]. Доступно из архива Интернета: <https://web.archive.org/web/20080913090043/http://ec.europa.eu/europeaid/evaluation/methodology/examples/too_swo_res_fr.pdf>.

Хелмс, М. М. (2013) Энциклопедия теории управления. Структура SWOT-анализа. *Sage Knowledge.* [Online]. [Accessed 6 June 2014]. Доступно с: <http://www.sagepub.com/gray3e/study/chapter3/Encyclopaedia%20entries/SWOT_Analysis_Framework.pdf>.

Хилл, Т. и Вестбрук, Р. (1997) SWOT-анализ: Время для отзыва продукции. *Long Range Planning.* 30(1), pp. 46-52.

Lambin, J-J. and de Moerloose, C. (2008) *Marketing stratégique et opérationnel. Du marketing à l'orientation-marché.* [7-е издание]. Париж: Dunod.

Learned, E. P., Christensen, R., Andrews, K. and Guth, W. (1965) *Business Policy – Text and Cases*. Хоумвуд: Ирвин.

Майрхофер, У. (2007) *Стратегический менеджмент.* Париж: Bréal.

Портер, М. Е. (2008) Пять конкурентных сил, формирующих стратегию. *Harvard Business Review*. Доступно по адресу: <https://hbr.org/2008/01/the-five-competitive-forces-that-shape-strategy?cm_sp=Article-_-Links-_-Comment>.

Руссо, Б. (Без даты) Анализ SWOT. *ANDLIL*. [Online]. [Accessed 6 June 2014]. Доступно по адресу: <http://www.andlil.com/analyses-swot/>.

Университет Квебека в Монреале. (2014) *Fiche technique. L'analyse SWOT. [Online]. [Accessed* 6 June 2014]. Доступно из архива Интернета: <https://web.archive.org/web/20120710011319/http://www.er.uqam.ca/nobel/r20014/methodologie/SWOT.PDF>.

Van Laethem, N. (2010) L'analyse SWOT : 10 советов для достижения успеха. *Le blog de la stratégie marketing.* [Online]. [Accessed 6 June 2014]. Доступно по адресу: <http://www.marketing-strategie.fr/2010/05/15/10-conseils-pour-reussir-lanalyse-s-w-o-t/>.

Вэриан, Х. (2011) *Введение в микроэкономику.* [7-е издание] Брюссель: De Boeck.

Мастер ISBN: 9782808601375

Бумажный ISBN: 9782808602822

Легальный депозит: D/2022/12603/283

Цифровое оформление: Primento,

цифровой партнер издателей.